BEI GRIN MACHT SICH WISSEN BEZAHLT

Bibliografische Information der Deutschen Nationalbibliothek:

Die Deutsche Bibliothek verzeichnet diese Publikation in der Deutschen National-
bibliografie; detaillierte bibliografische Daten sind im Internet über http://dnb.d-
nb.de/ abrufbar.

Impressum:

Copyright © 2015 GRIN Verlag, Open Publishing GmbH
Druck und Bindung: Books on Demand GmbH, Norderstedt Germany
ISBN: 978-3-668-04531-6

Dieses Buch bei GRIN:

http://www.grin.com/de/e-book/306451/russlands-motive-und-ziele-im-ukrainekon-
flikt

Catiana Krapp

Aus der Reihe: e-fellows.net stipendiaten-wissen

e-fellows.net (Hrsg.)

Band 1594

Russlands Motive und Ziele im Ukrainekonflikt

Welche Strategie soll die Europäische Union verfolgen?

GRIN Verlag

GRIN - Your knowledge has value

Der GRIN Verlag publiziert seit 1998 wissenschaftliche Arbeiten von Studenten, Hochschullehrern und anderen Akademikern als eBook und gedrucktes Buch. Die Verlagswebsite www.grin.com ist die ideale Plattform zur Veröffentlichung von Hausarbeiten, Abschlussarbeiten, wissenschaftlichen Aufsätzen, Dissertationen und Fachbüchern.

Besuchen Sie uns im Internet:

http://www.grin.com/

http://www.facebook.com/grincom

http://www.twitter.com/grin_com

UNIVERSITÄT ZU KÖLN

Lehrstuhl für Internationale Politik und Außenpolitik

SS 2015

Seminar „Außen- und Sicherheitspolitik im Vergleich: EU – USA – Russland - China"

Russlands Motive und Ziele im Ukrainekonflikt

Welche Strategie soll die Europäische Union verfolgen?

Catiana Krapp

2

Inhaltsverzeichnis

1   Einleitung

Am 21. November 2013 setzte der damalige ukrainische Präsident Wiktor Janukowitsch das geplante Assoziierungsabkommens mit der Europäischen Union aus und markierte damit den Anfang der Ukraine-Krise – eines Konflikts, der bis dato nicht beigelegt wurde. Seitdem versuchen Historiker, Russland-Experten, Journalisten und Politiker, die Absichten und Motive der russischen Regierung in der Auseinandersetzung um die Ukraine zu ergründen. Für die Politiker der Europäischen Union war schon zu Beginn der Verhandlungen um ein Assoziierungsabkommen mit der Ukraine erkennbar, dass der russische Präsident Wladimir Putin ein solches Abkommen nicht gutheißen würde, denn es sollte die Ukraine politisch wie wirtschaftlich enger an den Westen binden. Tatsächlich warnte Putin den ukrainischen Präsidenten Janukowitsch in der Zeit der Verhandlungen mit der EU wiederholt davor, das Assoziierungsabkommen zu unterschreiben. Trotzdem ahnte wohl kaum jemand, welche Ausmaße der Konflikt annehmen und wie weit der russische Präsident gehen würde, um seine Interessen im Ukraine-Konflikt durchzusetzen.

Was aber sind Wladimir Putins Interessen? Welche Ziele verfolgt die russische Regierung und welche Motive stecken dahinter? An Theorien dazu mangelt es nicht, doch die Erklärungsversuche sind zahlreich und widersprechen sich nicht selten. Gleichzeitig hat die russische Regierung eine breite Medienoffensive gestartet, um ihre eigene Wahrheit zu verbreiten. Die Argumentationen, die russische Sender vorlegen, bleiben auf Grund der Globalisierung der Medienkommunikation nicht in Russland und haben somit längst auch westliche Akteure erreicht. Diese Hausarbeit vergleicht russische mit westlichen Interpretationen der Ukraine-Krise, gliedert sie in fünf Hauptansätze und untersucht anhand von Fakten, wie plausibel sie sind. Sie schlussfolgert, wie die russische Regierung mutmaßlich im weiteren Verlauf der Krise agieren wird und unterbreitet Ideen, wie sich die Europäische Union im weiteren Konflikt verhalten sollte.

2   Russlands offizielle und tatsächliche Ziele

2.1 Internationales politisches Auftreten und Medienoffensive

Der russische Präsident war bei politischen Treffen, bei denen der Ukraine-Konflikt diskutiert wurde, häufig nicht zugegen. Zu einem Gipfel mit 53 Nationen zum Thema nukleare Abrüstung im März 2014 schickte Wladimir Putin nur seinen Außenminister Sergei Lawrow – der Gipfel traf sich sechs Tage, nachdem Putin den Vertrag über den Beitritt der Krim zu Russland unterzeichnet hatte. Russische Soldaten nahmen noch während des Gipfels einen der letzten ukrainischen Stützpunkte auf der Krim ein.[1] Westliche Politiker reagierten darauf, indem sie Russland vom anstehenden G8-Treffen ausschlossen. Der russische Außenminister gab sich unbeeindruckt, Wladimir Putin reagierte, indem er Sanktionen gegen Kanada verhängte. Nicht nur zu dem anstehenden, sondern auch zu dem darauf folgenden G7-Gipfel erhielt Putin keine Einladung. Im August 2015 kamen Angela Merkel, François Hollande und Petro Poroschenko zu einem Krisentreffen bezüglich der Ukraine zusammen – wieder ohne Wladimir Putin.[2] Westliche Politiker schließen Putin aus und sanktionieren ihn und Putin reagiert mit Gegensanktionen wie der gegen Kanada, mit Aussagen, die er später wieder dementiert – so gab Putin erst ein Jahr nach der Annexion der Krim zu, dass russische Soldaten daran beteiligt gewesen waren[3] – und mit Drohungen, zum Beispiel mit Gaslieferstopps in die Ukraine. Das alles sind Aktionen, die sich als Beleidigte *Reaktionen* interpretieren lassen, aber auch als Komponenten einer ausgeklügelten Strategie. Auf beide Interpretationen wird im Folgenden näher eingegangen.

Westlichen Medien wirft Putin Einseitigkeit vor. Um die eigene Bevölkerung von der Rechtmäßigkeit des russischen Vorgehens zu überzeugen, aber auch um der Welt zu zeigen, wie sich der Ukraine-Konflikt aus seiner Sicht gestaltet, hat der russische Präsident Millionen in eine Medienoffensive gesteckt. Mit Fernsehen, Radiosendern und Zeitungen, aber auch mit modernen Methoden wie Internetauftritten und über Twitter, lässt Putin durch die Anstalt *Rossija segodnja (Russland heute)* seine Variante der Geschehnisse verbreiten. Allein der Sender *Sputnik News*, der Teil von *Rossija segodnja* ist, strahlt Nachrichten in 34 Ländern aus. Laut der russischen Wirtschaftszeitung *RBK* hat *Rossija segodnja* ein Budget von gut 15 Milliarden Rubel bzw. über 250 Millionen Euro, laut eigenen Angaben 6 Milliarden Rubel.[4] Nach der Annexion der Krim etwa strahlte *Rossija segodnja* eine eineinhalbstündige Dokumentation aus, auf der deutschen Internetseite von *Sputnik News* erschien diese auch mit deutschen Untertiteln. Darin werden Janukowitsch und die Bewohner der Krim als Opfer

---

[1] Vgl. Rheinische Post: Sieben Staatschefs gegen Wladimir Putin, unter http://www.rp-online.de/politik/ausland/sieben-staatschefs-gegen-wladimir-putin-aid-1.4128442 (Stand: 27.08.2015)
[2] Vgl. Deutschlandfunk: Poroschenko will weiter aufrüsten, unter http://www.deutschlandfunk.de/ukraine-konflikt-poroschenko-will-weiter-aufruesten.1818.de.html?dram:article_id=329160 (Stand: 27.08.2015)
[3] Vgl. Stern: Putin gesteht Befehl zur Annexion der Krim, unter http://www.stern.de/politik/ausland/ukraine-konflikt--putin-gesteht-befehl-zur-annexion-der-krim-5957118.html (Stand: 27.08.2015)
[4] Vgl. Thumann, Michael: Und... Action!, unter http://www.zeit.de/2015/30/russland-medien-propaganda-putin (Stand: 27.08.2015)

dargestellt, die durch die ukrainischen Rebellen bedroht wurden. Putin wird als Retter inszeniert, der beide ins sichere Russland brachte.[5] Doch die russische Berichterstattung reduziert sich nicht auf aus westlicher Sicht abwegige Propaganda. Einige Argumentationen, die darin verbreitet werden, sind heute auch von westlichen Politikern und Russland-Experten zu hören. So zum Beispiel die Auffassung, Putin *reagiere* lediglich auf westliche Aktionen oder der Vorwurf, der Westen habe versprochen, die Grenzen der Nato nicht nach Osten zu erweitern. Wie nahe diese Theorien der Wahrheit kommen, wird ebenfalls im Folgenden diskutiert.

2.2 Ein russisches Strategiepapier

Welche Ziele Wladimir Putin tatsächlich verfolgt, ist wohl nicht eindeutig zu ergründen. Zu Anfang sei jedoch eine Quelle hervorgehoben, die der Wahrheit näher kommen dürfte als jede Theorie westlicher Experten – ein Strategiepapier, das dem Kreml Anfang Februar 2014 vorgelegt wurde, als Wiktor Janukowitsch noch Präsident der Ukraine war. Es wurde im Februar 2015 von der russischen Zeitung *Nowaja Gazeta* veröffentlicht, nachdem es ihr laut eigenen Angaben von einer vertrauenswürdigen Quelle aus dem Kreml zugespielt worden war.[6]

Der Inhalt des Dokuments zeigt, wie wenig sich die wahren Interessen der russischen Regierung mit den Motiven decken, die das russische Staatsfernsehen propagiert. *Rossija segodnja* stellte den Abtritt Wiktor Janukowitschs als spontane und alternativlose Flucht dar und sendete ein Interview, in dem Putin erzählt: „Ich habe die Leiter unserer Geheimdienste und des Verteidigungsministeriums in den Kreml gerufen und ihnen den Auftrag erteilt, das Leben des ukrainischen Präsidenten zu retten." Ein Sprecher erzählt, es habe eine Operation stattgefunden, die ihresgleichen in der neueren Weltgeschichte suche, in der Janukowitsch aus dem brennenden Nachbarland gerettet worden sei.[7] In dem Strategiepapier steht indessen: „Viktor Janukowitschs Regime ist ganz und gar bankrott. Ihn politisch, diplomatisch, finanziell und mit Informationen zu unterstützen, hat für die Russische Föderation keinen Sinn

---

[5] Vgl. Sputniknews: Krim. Der Weg in die Heimat, unter
http://de.sputniknews.com/videos/20150327/301671848.html (Stand: 27.08.2015)
[6] Vgl. Dobbert, Steffen/ Grosev, Christo/ Dülffer, Meike: Putin und der geheime Ukraine-Plan, 2., unter
http://www.zeit.de/politik/ausland/2015-02/russland-strategiepapier-nowaja-gazeta-malofejew-risi#player0
(Stand 14.08.2015)
[7] Vgl. Sputniknews: Krim. Der Weg in die Heimat, unter
http://de.sputniknews.com/videos/20150327/301671848.html (Stand: 27.08.2015)

mehr." Das schließt nicht aus, dass russische Kräfte Janukowitsch das Leben gerettet haben. Der Tonfall ist jedoch ein gänzlich anderer.

Die russische Regierung überlegte sich wohl schon früh, wie sie die sich anbahnende Krise nutzen könnte, um ukrainische Gebiete unter russische Kontrolle zu bringen. Als Schlussfolgerung aus dem wahrscheinlichen Abtritt Janukowitschs steht in dem Dokument: „Unter diesen Umständen bietet es sich an, mit den Schleuderkräften verschiedener Regionen des Landes regelrecht zu spielen, mit dem Ziel, ihren Beitritt zur Russischen Föderation in der ein oder anderen Weise zu erreichen." Die Motive dafür werden ebenfalls klar benannt. Man werde von demographischen Ressourcen, hochqualifiziertem Personal in Industrie und Verkehr sowie dem militärisch-industriellen Sektor der Ostukraine profitieren, heißt es in dem Strategiepaper. Ebenso ist die Rede davon, die Kontrolle über die Gasleitungssysteme zu erlangen. Wie das russische Handeln der Öffentlichkeit verkauft werden soll, dafür gibt es ebenfalls einen genauen Plan: „Zudem muss man eine PR-Strategie erfinden, die den nötigen, reaktiven Charakter entsprechender Handlungen Russlands und prorussisch eingestellter politischer Eliten im Süden und Osten der Ukraine betont."

Die Argumentation, Russland reagiere lediglich auf Aktionen des Westens, scheint von der russischen Regierung ganz bewusst verbreitet worden zu sein. Andere Theorien zu den Beweggründen Russlands werden durch das Dokument durchaus gestützt. So heißt es in dem Dokument: „Wir müssen das [sich in die Entwicklungen in der Ukraine einmischen] vor allem tun, weil unser Land sonst nicht nur in Gefahr ist, die Ukraine als Absatzmarkt für Energieträger zu verlieren, sondern – und das ist noch gefährlicher – auch die indirekte Kontrolle über das ukrainische Gasleitungssystem. Dadurch würde die Position von "Gazprom" in Mittel- und Südeuropa gefährdet, was zu gewaltigen Verlusten in der Wirtschaft unseres Landes führen würde."[8] Theorien zur wirtschaftlichen Abhängigkeit Russlands folgen im Abschnitt 3.5.

Unklar ist, welchen Stellenwert das veröffentlichte Strategiepapier in der Politik Wladimir Putins einnimmt, wie sehr es sich mit seiner eigenen Meinung deckt und wie viele andere Strategiepapiere existieren. Es ist deshalb unerlässlich, weitere Interpretationen der Interessen Russlands im Ukraine-Konflikt zu analysieren.

---

[8] Vgl. Übersetzung Hartwich, Inna, unter http://www.zeit.de/politik/ausland/2015-02/russische-einmischung-ukraine-dokument-gazeta-deutsche-uebersetzung (Stand 14.08.2015)

3 Russlands Motive

3.1 Reaktives Verhalten

Der Eindruck des reaktiven Charakters, der laut Strategiepapier durch russische Medien vermittelt werden soll, ist im Westen teilweise tatsächlich entstanden. Altbundeskanzler Helmut Schmidt sprach in einem Interview mit der *Zeit* viel von „Reaktionen" Putins und äußerte Verständnis für den russischen Präsidenten: „Wenn Sie sich an die Stelle von Putin denken, dann würden Sie wahrscheinlich ähnlich in Sachen Krim reagieren, wie er reagiert hat".[9] Auch das weitere Verhalten Putins beschreibt er immer in Relation zu Aktionen, die vom Westen ausgingen: Schmidt glaubt, dass Putin eine Einladung zum G7-Gipfel, bei dem er im Juni 2015 ausgeschlossen worden war, angenommen hätte, wäre sie angemessen ausgesprochen worden. Auch sagt er, Putin sei beleidigt, weil der Westen ihn nicht ernst genug nehme.[10]

Das *ipg-journal*, eine kritische Internetseite, die sich mit internationaler Politik und Gesellschaft auseinander setzt, drückt sich noch etwas drastischer aus. Auch sie schreibt, dass Russland auf Provokationen des Westens *reagiert*. Die Annexion der Krim wird von den Autoren der Seite als Reaktion Putins auf den vom Westen unterstützten Sturz Janukowitschs gewertet. Der Westen sei „in den Hinterhof Russlands vorgedrungen und hatte dessen strategische Kerninteressen bedroht."[11] Die Ursache des russischen Verhaltens sieht das ipg-Journal dementsprechend geopolitisch begründet.

3.2 Geopolitik und Neo-Imperialismus

Die These, dass geopolitische Interessen der Schlüssel zum Verhalten Russlands sind, hat ihre Berechtigung. Im April 2005 bezeichnete Wladimir Putin den Zerfall der Sowjetunion als „größte geopolitische Katastrophe des Jahrhunderts".[12] Als ehemaliger KGB-Agent identifizierte Putin sich stark mit der Sowjetunion. In einem *Spiegel*-Artikel, der sich mit den Beweggründen Putins auseinandersetzt, wird gemutmaßt: „Der Abzug aus der DDR ist für ihn

---

[9] Vgl. Die Welt: Sanktionen „dummes Zeug", unter
http://www.welt.de/newsticker/dpa_nt/infoline_nt/thema_nt/article126226145/Sanktionen-dummes-Zeug.html (Stand 21.08.2015)
[10] Vgl. Spiegel Online: Altkanzler Schmidt findet Ausschluss Putins „wenig hilfreich", unter
http://m.spiegel.de/politik/deutschland/a-1036636.html (Stand 21.08.2015)
[11] Vgl. IPG-Journal: Putin reagiert, unter http://www.ipg-journal.de/kommentar/artikel/putin-reagiert-560/ (Stand 21.08.2015)
[12] Vgl. Wehner, Markus: Ich denke dabei nicht nur an die Krim, unter
http://m.faz.net/aktuell/politik/ausland/europa/wie-putin-seit-jahren-seine-grossmachtplaene-umsetzt-13139437.html (Stand 22.08.2015)

ein erniedrigender Moment. Überall zerfällt ab 1989 das Weltreich, dem er gedient und an das er geglaubt hat. (…) Seit damals gilt für ihn zu retten – oder zurückzugewinnen –, was möglich ist."[13]

Der neo-imperialistische Ansatz geht davon aus, dass Wladimir Putin ein neues Imperium unter russischer Vorherrschaft anstrebt. So hat Russland 2014 gemeinsam mit Kasachstan und Weißrussland eine „Eurasische Wirtschaftsgemeinschaft" gegründet. Mittlerweile heißt die Gruppe „Eurasische Wirtschaftsunion" und beinhaltet auch Armenien und Kirgisistan. Ziel der Gemeinschaft ist es, ähnlich der Europäischen Union, unter den Mitgliedern die Handelsbedingungen zu verbessern und wirtschaftspolitische Aspekte miteinander abzustimmen.[14] Bis zu Beginn der Proteste auf dem Maidan hatte Moskau auch einen Beitritt der Ukraine zur Eurasischen Wirtschaftsunion geplant.

Wo der russische Präsident keine neuen Mitglieder für seine eigene Wirtschaftsunion gewinnen kann, versucht er zumindest, die Ausbreitung westlicher Institutionen nach Osten zu verhindern. Dass eine solche Ausbreitung stattfindet, ist unbestreitbar. Im Jahr 2004 vergrößerte sich die Europäische Union großräumig nach Osten hin: Estland, Lettland, Litauen, Polen, Tschechien, die Slowakei, Ungarn und Slowenien traten bei, 2007 kamen noch Bulgarien und Rumänien hinzu und 2013 Kroatien. Alle diese Länder sind mittlerweile ebenfalls Mitglieder der Nato. Insbesondere in Bezug auf die ehemaligen Sowjetstaaten Estland, Lettland und Litauen kann die russische Regierung das nicht gutgeheißen haben.

Im März 2014 sprach Putin diese Entwicklung direkt an. In einer Rede, in der er seinen Eingriff auf der Krim rechtfertigte, bezichtige er den Westen, bezüglich der Nato-Osterweiterung gelogen zu haben. Er bezog sich damit auf das angebliche Versprechen westlicher Politiker, dass die Nato sich nicht weiter nach Osten ausdehnen würde. Einige deutsche Politiker nahmen diesen Vorwurf sehr ernst, so etwa der Linke-Fraktionsvorsitzende Gregor Gysi oder auch der ehemalige Bundesminister für wirtschaftliche Zusammenarbeit Erhard Eppler (SPD). Tatsächlich sagte der ehemalige deutsche Außenminister Hans-Dietrich Genscher 1990 in einer Rede: „Was immer im Warschauer Pakt geschieht, eine Ausdehnung des Nato-Territoriums nach Osten, das heißt, näher an die Grenzen der Sowjetunion heran, wird es nicht geben." und forderte, dass auch das Gebiet der DDR nicht in die militärischen Strukturen der Nato einbezogen werden dürfe. Der damalige Bundeskanzler Helmut Kohl sowie der

---

[13] „Bis jenseits der Grenze", DER SPIEGEL 11/2014
[14] Vgl. Triebe, Benjamin: Moskau bastelt Gegenentwurf zur EU, unter http://www.nzz.ch/wirtschaft/moskau-bastelt-am-gegenentwurf-zur-eu-1.18311953 (Stand: 23.08.2015)

amerikanische Außenminister James Baker schlossen sich dem Versprechen an – es diente als Voraussetzung dazu, dass Deutschland alleine über seine Einigung entscheiden dürfe.

Allerdings willigte der damalige Staatspräsident der Sowjetunion Michail Gorbatschow bereits im Juli 1990 in die Vollmitgliedschaft eines vereinten Deutschland in der Nato ein, ohne noch einmal auf das dadurch bereits gebrochene Versprechen einzugehen.[15]

Unabhängig davon, wer im Recht ist, nimmt die russische Regierung die Ausdehnung westlichen Einflusses grundsätzlich als Bedrohung russischer Sicherheitsinteressen wahr. Der Professor Roy Allison, der an der Oxford University ein Komitee für Russische und Osteuropäische Studien leitet, schreibt: Schon Boris Jelzin, der ab 1991 erster Präsident Russlands war, habe versucht, die russische Vorherrschaft in den sogenannten CIS-Staaten zu sichern, also dem „Commonwealth of Independent States", einer Gruppe von neun ehemaligen Sowjetstaaten. Und Dmitri Medwedew, der von 2008 bis 2012 Präsident Russlands war, habe 2011 zugegeben, dass die Hauptmotivation Russlands, im Kaukasuskrieg Truppen nach Georgien zu schicken, ein möglicher Beitritt Georgiens zur Nato gewesen sei. Er habe gesagt: „Wenn wir 2008 gezögert hätten, dann wären die geopolitischen Arrangements jetzt anders und mehrere Länder [...] wären jetzt möglicherweise in der Nato". Im Gegensatz zu 2008 unterscheide Russland heute nicht mehr zwischen EU und Nato, schreibt Allison. Sie verschmölzen für Moskau zu „externen geopolitischen Bedrohungen" und der Ukraine falle dabei eine Schlüsselrolle zu.[16]

Die Aussicht, dass die Ukraine ein Assoziierungsabkommen mit der EU unterzeichnen könnte, das ein Freihandelsabkommen beinhalten würde, nahm Wladimir Putin dementsprechend auf. Als die ukrainische Regierung im Oktober 2013 – damals noch unter Präsident Wiktor Janukowitsch – mit der Europäischen Union Gespräche über die Unterzeichnung des Vertrages führte, drohte Putin der Ukraine mit Strafzahlungen wegen unbezahlter Gasrechnungen.[17] So

---

[15] Vgl. Wagner, Marie Katharina: Das große Rätsel um Genschers angebliches Versprechen, unter http://m.faz.net/aktuell/politik/ost-erweiterung-der-nato-was-versprach-genscher-12902411.html (Stand: 22.08.2015)

[16] Vgl. Allison, Roy: Russian ‚deniable' intervention in Ukraine: how and why Russia broke the rules, unter https://www.google.es/url?sa=t&rct=j&q=&esrc=s&source=web&cd=4&cad=rja&uact=8&ved=0CD8QFjADahU KEwjn4aX9jMnHAhXE1hQKHWKjDiA&url=http%3A%2F%2Fcommonweb.unifr.ch%2Fartsdean%2Fpub%2Fgeste ns%2Ff%2Fas%2Ffiles%2F4760%2F39349_202339.pdf&ei=uuzeVeecAcStU-LGuoAC&usg=AFQjCNGTd2RxOdEIEaWDd1jUmaUwurXipQ, S. 15 ff (Stand 21.08.2015)

[17] Vgl. Bidder, Benjamin: Gas-Streit: Russland torpediert Annäherung zwischen Ukraine und EU, 31.10.2013, unter http://www.spiegel.de/politik/ausland/ukraine-russland-widerstand-gegen-annaeherung-an-die-eu-a-930897.html (Stand 14.08.2015).

erwirkte er einen zwischenzeitlichen Verhandlungsstopp. Doch dann floh Janukowitsch im Februar 2014 aus der Ukraine, und Putin annektierte die Krim.

3.3 Nationalismus

Die Annexion der Krim ebenso wie die Eingriffe in der Donezk und Lugansk begründete die russische Regierung jedoch vor allem der eigenen Bevölkerung gegenüber mit einem weiteren Argument. Man müsse die Russen schützen, die auf der Krim und in der Ostukraine lebten. Tatsächlich sind 60 Prozent der Krim-Bewohner Russen. Das russische Außenministerium veröffentlichte im März 2014 die Aussage, Russland sei sich seiner Verantwortung für die Leben seiner Landsleute in der Ukraine bewusst und beanspruche für sich das Recht, diese Menschen zu verteidigen. Im April 2014 sagte der russische Außenminister Sergei Lawrow, der größte einende Faktor der russischen Diaspora im Ausland sei ihre Gesinnung, zu ihrem historischen Heimatland zu gehören.[18]

Die Idee, die russische Diaspora in allen Ländern schützen oder „heim holen" zu wollen, ist auch für Wladimir Putin nicht neu. Schon 1994 ging er als Vize-Bürgermeister von St. Petersburg auf einer Tagung zum Thema „Russland und der Westen" auf das Thema ein. Er sagte damals, die Folge der Auflösung der Sowjetunion sei, dass plötzlich 25 Millionen Russen im Ausland lebten. „Russland kann es sich nicht leisten – allein schon im Interesse der Sicherheit in Europa -, dass diese Menschen willkürlich ihrem Schicksal überlassen bleiben."[19]

In Russland hat Putin für nationalistische Argumente einen breiten Rückhalt. Das habe eine Umfrage des unabhängigen Moskauer Lewada-Zentrums gezeigt, schreibt die *ZEIT*. In dem Artikel heißt es: „Danach lehnen 55 Prozent der Russen in ihren Städten Migranten ab. 56 Prozent unterstützen das Schlagwort „Russland den Russen", in Moskau sind es sogar 80 Prozent. In der Hauptstadt, wo das Geld sitzt, befürworten 84 Prozent der Befragten einen Stopp aller Zahlungen an den Kaukasus."[20]

Russischer Nationalismus widerspricht klar dem Ziel, einen Vielvölkerbund aufzubauen, so wie Russland es etwa mit der Eurasischen Wirtschaftsunion anstrebt. Innerhalb des Landes scheint es verschiedene Gruppen zu geben, die den jeweiligen Ideologien anhängen. Was Putin betrifft, streiten sich Experten auch hier um seine wahre Gesinnung. Der Autor des *ZEIT*-Artikels bezeichnet Putin als „arktisch kalten Pragmatiker, der sich vielerlei

---

[18] Vgl. Allison, Roy: Russian ‚deniable' intervention in Ukraine: how and why Russia broke the rules, S. 29
[19] Vgl. Wehner, Markus: Ich denke dabei nicht nur an die Krim
[20] Vgl. Thumann, Michael: Was will er?, in: DIE ZEIT 20/2014 am 08.05.2014

Glaubensbekenntnisse bedient."[21] Andere sehen in dem unklaren Kurs des Präsidenten vor allem eins: Den Versuch, an der Macht zu bleiben.

3.4 Machterhalt

Einige Experten glauben, dass es Wladimir Putin in der Ukraine-Krise vor Allem darum geht, innenpolitisch das Gesicht zu wahren. Der Grund, so meinen sie, ist die konkrete Angst vor einer Revolution in Russland.

Der Politikwissenschaftler Jerzy Maćków schreibt, es sei wichtig für Putin, als innenpolitischer Sieger aus dem Ukraine-Konflikt hervorzugehen und begründet dies folgendermaßen: „[...] ein Rücktritt ist für eine Person, die zur zentralen Figur eines verbrecherischen Regimes geworden ist, immer gefährlich – lebensgefährlich." Putin beabsichtige deshalb einen jahrelangen Krieg in der Ukraine, um das Land zu schwächen und sich nicht aus der Ostukraine zurückziehen zu müssen.[22]

Der Ukraine-Konflikt hat sich zu einer Krise entwickelt und für den russischen Präsidenten ist es momentan kaum möglich, diese Krise würdevoll zu beenden. Er muss Patrioten und Nationalisten im eigenen Land zufriedenstellen und dazu muss er die Ostukraine offiziell unter russische Kontrolle bringen.

Dass ihm das politischen Aufwind verschaffen würde, zeigte bereits die Annexion der Krim. Roy Allison schreibt, dass Putins Beliebtheitswerte nach der Annexion erheblich gestiegen seien. Eine Umfrage habe ergeben, dass 96 Prozent der Befragten den Eingriff auf der Krim guthießen. Die Umfrageagentur sei zwar Kreml-freundlich eingestellt, tatsächlich sei aber offensichtlich, dass Putin sich auf dem Höhepunkt öffentlicher Unterstützung befinde und ein „Putin-Kult" entstehe.[23]

Auf einen Höhepunkt folgt in der Regel ein Abstieg. Putins Ambitionen im Ukraine-Konflikt bringen die russische Bevölkerung auf seine Seite. Westliche Sanktionen rechtfertigen sein Vorgehen gegen die Interessen der Europäischen Union und helfen ihm, von den

---

[21] Vgl. Thumann, Michael, Was will er?
[22] Mai, Uwe: USA, Ukraine, China: Wohin steuert Russlands Außenpolitik?, unter http://www.srf.ch/news/international/usa-ukraine-china-wohin-steuert-russlands-aussenpolitik (Stand 17.08.2015)
[23] Vgl. Allison, Roy: Russian ‚deniable' intervention in Ukraine: how and why Russia broke the rules, unter https://www.google.es/url?sa=t&rct=j&q=&esrc=s&source=web&cd=4&cad=rja&uact=8&ved=0CD8QFjADahU KEwjn4aX9jMnHAhXE1hQKHWKjDiA&url=http%3A%2F%2Fcommonweb.unifr.ch%2Fartsdean%2Fpub%2Fgeste ns%2Ff%2Fas%2Ffiles%2F4760%2F39349_202339.pdf&ei=uuzeVeecAcStU- LGuoAC&usg=AFQjCNGTd2Rx0dEIEaWDd1jUmaUwurXipQ, S.37 f (Stand 21.08.2015)

wirtschaftlichen Problemen Russlands abzulenken. Auf Dauer aber befürchtet Putin womöglich eine Revolution. Allison schreibt, Putin habe möglicherweise Angst vor einem Umsturz nach ukrainischem Vorbild. Er wolle Russland vor „Überlaufeffekten" schützen, die das Model einer populistischen Alternative zur autoritären Herrschaft in Russland aufwerfen könnte. Der Professor verweist auf die Straßendemonstrationen in Russland, die zwischen Dezember 2011 und Frühling 2012 stattfanden – zu einer Zeit, zu der der Arabische Frühling viele Vorbilder für Aufstände lieferte.[24] Eine Umfrage ergab damals, dass 49 Prozent der Russen dazu bereit wären, an Protestdemonstrationen teilzunehmen.[25]

Der Politikwissenschaftler Andreas Umland, der an einer ukrainischen Universität lehrt, glaubt deshalb ebenfalls, dass Putin den Ukraine-Konflikt überhaupt nicht beenden möchte. „Die Demokratisierung in Kiew soll scheitern – als Legitimationsgrundlage für das eigene undemokratische System und als Warnung an die Russen davor, was passiert, wenn man das System Putin in Frage stellt."[26]

3.5 Ökonomische Interessen

Der Ölpreis ist in Russland, vor allem auf Grund des Frackings in den USA, rapide gefallen.[27] Erdöl macht in Russland 53,9 Prozent der Gesamtausfuhr des Landes aus.[28] Folglich hat Russland mit gravierenden wirtschaftlichen Problemen zu kämpfen: Der Rubel hat im Verlauf des Jahres 2014 gegenüber dem Euro um etwa 40 Prozent an Wert verloren. Im März 2015 lag die Inflation bei 16,9 Prozent, für das Bruttoinlandsprodukt wird ein Rückgang für drei Prozent in 2015 prognostiziert.[29] Es herrschen Kapitalflucht und Korruption.[30] Ökonomische Interessen

---

[24] Vgl. Allison, Russian 'deniable' intervention in Ukraine, S. 35 f.
[25] Vgl. Radio Free Europe/ Radio Liberty report: Authoritarian Russia watches as Middle East unravels, unter http://www.rferl.org/content/authoritarian_russia-watches_as_mideast_unravels/2327204.html, (Stand 21.08.2015)
[26] Mai, Uwe: USA, Ukraine, China: Wohin steuert Russlands Außenpolitik?
[27] Vgl. Handelsblatt: „Fällt der Ölpreis bis auf 50 Dollar?", unter http://www.handelsblatt.com/finanzen/maerkte/devisen-rohstoffe/umfrage-unter-analysten-faellt-der-oelpreis-bis-auf-50-dollar/11125530.html (Stand: 13.08.2015)
[28] Vgl. Deutsche Außenhandelskammern, Wirtschaftsdaten kompakt, unter https://www.google.es/url?sa=t&rct=j&q=&esrc=s&source=web&cd=1&cad=rja&uact=8&ved=0CCEQFjAAahUK Ewieg6unkMnHAhXFVBQKHSGZA08&url=http%3A%2F%2Fwww.ahk.de%2Ffileadmin%2Fahk_ahk%2FGTal%2Fr ussland.pdf&ei=N_DeVd6LHsWpUaGyjvgE&usg=AFQjCNHO-UuhpqFKHm3NHeWEZF-ufpq-hA (Stand: 24.08.2015)
[29] Vgl. Auswärtiges Amt: Russische Föderation, Wirtschaft, unter http://www.auswaertiges-amt.de/DE/Aussenpolitik/Laender/Laenderinfos/RussischeFoederation/Wirtschaft_node.html (Stand: April 2015)
[30] Vgl. Thumann, Michael, Was will er?

spielen daher eine oft vernachlässigte, aber äußerst wichtige Rolle bei der Analyse des russischen Vorgehens.

Russland ist wirtschaftlich *direkt* nicht sonderlich abhängig von der Ukraine. Die Ukraine ist zwar fünftwichtigster Handelspartner Russlands, das allerdings mit großem Abstand zu den drei Wichtigsten: China, den Niederlanden und Deutschland.[31] Russlands Warenausfuhren in die Ukraine machten 2013 nur vier Prozent seiner Gesamtexporte aus.[32] *Indirekt* hingegen spielt die Ukraine für Russland wirtschaftlich eine enorme Rolle. Die Krim war für den Kreml von großer Bedeutung, da er fürchten musste, den Hafen von Sewastopol für die russische Schwarzmeerflotte zu verlieren. Darüber hinaus ist die Ukraine das wichtigste Transitland für den russischen Rohstofftransport nach Westeuropa.[33] Zwar hat Gazprom angekündigt, den Gastransit über die Ukraine im Jahr 2019 einzustellen[34], außerdem baut Russland mit europäischen Partnern zwei neue Stränge für die Ostseepipeline Nord Stream und führt Gespräche mit der Türkei über die sogenannte TurkStream-Pipeline, um die Ukraine künftig zu umgehen.[35] Doch auch russisches *Öl* fließt durch die Ukraine. Und als Jazenjuk im August 2014 damit drohte, jeglichen russischen Rohstofftransit durch die Ukraine zu unterbrechen, schien das Russland doch zu beunruhigen. Ein Sprecher von Transneft sagte: „Wir können dann das Öl zwar über andere Länder umleiten, aber das wird teuer für die Kunden in der EU".[36] Tatsächlich ist Russland der größte Öllieferant der Europäischen Union. Aber die Abhängigkeit ist nicht einseitig. Denn Europa ist auch der Hauptabsatzmarkt für russische Energieträger.[37] Preiserhöhungen wegen längerer Lieferwege können kaum im Interesse Russlands sein, denn die EU strebt ohnehin schon eine größere Unabhängigkeit von Russischen Energieträgern an. Bereits im November 2013 schloss die Ukraine – damals noch

---

[31] Vgl. Manager Magazin: Russlands wichtigste Handelspartner, unter http://m.manager-magazin.de/politik/weltwirtschaft/a-1009045.html#spRedirectedFrom=www (Stand: 23.08.2015)
[32] Vgl. Götz, Roland: Perspektiven für den Außenhandel zwischen der Ukraine und Russland, unter https://www.google.es/url?q=http://www.laender-analysen.de/ukraine/pdf/UkraineAnalysen141.pdf&sa=U&ved=0CAsQFjAAahUKEwiNqaS22r_HAhUC6RQKHeD wC7l&usg=AFQjCNEs7bmxBXBHEdGEfbgN9oKUz9KY1g (Stand: 23.08.2015)
[33] Vgl. ZEIT, Ukraine droht Russland mit Stopp von Gastransit nach Westeuropa, unter http://www.zeit.de/politik/ausland/2014-08/ukraine-russland-stopp-gastransit (Stand: 24.08.2015)
[34] Vgl. Industrie Magazin: Gazprom stellt Gastransit über die Ukraine 2019 ein, unter http://industriemagazin.at/a/gazprom-stellt-gastransit-ueber-die-ukraine-2019-ein (Stand: 24.08.2015)
[35] Vgl. Reuters: Russia's Putin, Turkey's Erdogan to discuss TurkStream this autumn: Kremlin, unter http://mobile.reuters.com/article/idUSKCN0Q50ZZ20150731 (Stand: 24.08.2015)
[36] Vgl. ZEIT: Ukraine droht Russland mit Stopp von Gastransit nach Westeuropa, unter http://www.zeit.de/politik/ausland/2014-08/ukraine-russland-stopp-gastransit (Stand: 24.08.2015)
[37] Vgl. Auswärtiges Amt: Russische Föderation, Wirtschaft, unter http://www.auswaertiges-amt.de/DE/Aussenpolitik/Laender/Laenderinfos/RussischeFoederation/Wirtschaft_node.html (Stand: 24.08.2015)

unter Janukowitsch – Verträge mit den amerikanischen Gasförderungsunternehmen Shell und Chevron. Janukowitsch verkündete damals, dass die Verträge die Ukraine bis 2020 gasautark machen würden, oder es ihr sogar ermöglichen würden, Energie zu exportieren.[38] Dies kann schon aus zuvor genannten geopolitischen Gründen nicht in Russlands Interesse sein. Gleichzeitig würde ein Gasexport amerikanischer Unternehmen in die EU auch deren Abhängigkeit von Russland weiter reduzieren und Russland würden Absatzmärkte wegbrechen.

Dass Russland gerade auf der Krim und in der Ostukraine eingegriffen hat, ist auch unter diesem Aspekt kein Zufall: Ausgerechnet diese beiden Regionen sind besonders gasreich.[39] Ein weiterer Grund für Wladimir Putin, beide unter seinen Einfluss zu bringen. Gleichzeitig ist Putin aber auch an einem Freihandelsabkommen mit der Europäischen Union interessiert. 2010 hatte er dazu aufgerufen, „von Wladiwostok bis Lissabon" gemeinsam Handel zu treiben. Beim Weltwirtschaftsforum in Davos im Januar 2015 griff Bundeskanzlerin Angela Merkel diese Idee wieder auf, setzte dafür aber voraus, dass die russische Regierung den Krieg in der Ostukraine beenden und das Minsker Abkommen umsetzen müsse.[40] Das wiederrum widerspricht allen anderen Interessen Russlands. Wladimir Putin sitzt wirtschaftlich in einer Zwickmühle.

4   Aktuelle Lage und Ausblick

Am 26. August 2015 einigten sich Abgesandte des ukrainischen Militärs und der Separatisten unter Vermittlung der OSZE darauf, die im Minsker Abkommen vereinbarte Waffenruhe ab dem 1. September einzuhalten. Bis dahin hatte es in der Ostukraine fast täglich Tote gegeben.[41] Der ukrainische Präsident Petro Poroschenko äußerte kurz zuvor auf dem 24. Jahrestag der Ukrainischen Unabhängigkeit die Befürchtung, Russland plane einen direkten Angriff auf die Ukraine.[42] Kurz darauf kam die Meldung, die USA würden in Kürze moderne

---

[38] Vgl. Polityuk, Pavel und Balmforth, Richard: Ukraine signs $10 billion shale gas deal with Chevron, unter http://mobile.reuters.com/article/idUSBRE9A40ML20131105 (Stand: 24.08.2015)

[39] Vgl. Daniljuk, Malte: Neue Energie für Europa, unter http://m.heise.de/tp/artikel/43/43800/1.html (Stand: 24.08.2015)

[40] Vgl. Braune, Tim und Fischer, Michael: Freihandel von New York bis Wladiwostok?, unter http://m.sz-online.de/nachrichten/freihandel-von-new-york-bis-wladiwostok-3022186.html (Stand: 24.08.2015)

[41] Vgl. Spiegel Online: Ab 1. September: OSZE kündigt neue Waffenruhe in der Ostukraine an, unter http://www.spiegel.de/politik/ausland/ukraine-osze-kuendigt-neue-waffenruhe-im-donbass-an-a-1050025.html (Stand: 27.08.2015)

[42] Vgl. Deutschlandfunk: Poroschenko will weiter aufrüsten, unter http://www.deutschlandfunk.de/ukraine-konflikt-poroschenko-will-weiter-aufruesten.1818.de.html?dram:article_id=329160 (Stand: 27.08.2015)

Kampfflugzeuge als Abschreckungsmittel gegen russische Drohgebärden nach Europa schicken.[43] Will Russland tatsächlich einen Krieg mit der Ukraine? Dr. Stefan Meister vom Robert Bosch-Zentrum für Mittel- und Osteuropa, Russland und Zentralasien, glaubt das nicht. „Russische reguläre oder irreguläre Truppen sollen nicht nach Kiew marschieren oder große Teile der Ukraine dauerhaft besetzen", schreibt der Wissenschaftler. Als Gründe nennt er zu hohe Kosten und: „Ein umfassender Krieg mit dem ukrainischen „Brudervolk" ist etwas anderes als mit einer nach Moskauer Lesart von „Faschisten" gelenkten ukrainischen Armee." Gleichzeitig hält Meister westliche Drohgebärden für wenig sinnvoll. Zwar solle die Nato in die Lage versetzt werden, das Baltikum und Polen gegen einen potentiellen Angriff zu verteidigen. Doch: „Gleichzeitig sollte sie nicht dazu dienen, in erster Linie abzuschrecken und damit in ihre Rolle aus dem Kalten Krieg zurückzufallen."[44]

Während sich die Gefechte in der Ostukraine bisher kaum verringert haben, stehen der Westen und Russland auch noch immer unter Sanktionen des jeweils anderen. Als Reaktion auf westliche Sanktionen hatte Wladimir Putin ein Einfuhrverbot für westliche Lebensmittel verhängt. Als der Zoll im August 2015 dennoch westliche Lebensmittel entdeckte, gab Wladimir Putin die Anweisung, tonnenweise Früchte und Käse zu verbrennen. Die Aktion kam bei den Bürgern enorm schlecht an, eine Kampagnenplattform wurde errichtet, die dazu aufrief, die Lebensmittel an Bedürftige zu verteilen. Er argumentierte, dass man die Zeit des Embargos nutzen könne, um die heimische Wirtschaft zu stärken. Diese Reaktion der russischen Bevölkerung ist aber eine Ausnahme.[45] Gewöhnlich sind die Sanktionen für Putin ein Mittel, die eigene Stärke zu demonstrieren. Zudem nutzt er sie, um von den eigenen wirtschaftlichen Problemen abzulenken. Sie fügen Russland nicht genug Schaden zu, um den Präsidenten ernsthaft unter Druck zu setzen.

In Aussicht steht das Freihandelsabkommen zwischen der Europäischen Union und der Ukraine, das am 1. Januar 2016 in Kraft treten soll. Der russische Regierungschef Dmitrij Medwedew drohte, auch keine ukrainischen Lebensmittel mehr ins Land zu lassen, falls das Abkommen in Kraft trete. Im Juni hatte die russische Regierung den Entwurf für einen

---

[43] Vgl. Süddeutsche Zeitung: USA stationieren F-22-Kampfflugzeuge in Europa, unter http://www.sueddeutsche.de/politik/ukraine-konflikt-usa-stationieren-f-kampfflugzeuge-in-europa-1.2620367 (Stand: 27.08.2015)
[44] Vgl. Meister, Stefan: Putin richtig verstehen, unter https://dgap.org/de/think-tank/publikationen/dgapstandpunkt/putin-richtig-verstehen (Stand: 27.08.2015)
[45] Vgl. Spiegel Online: PR-Desaster: Putin lässt westliche Lebensmittel verbrennen, unter http://www.spiegel.de/wirtschaft/soziales/russland-putin-erntet-kritik-fuer-lebensmittel-verbrennung-a-1046970.html (Stand: 27.08.2015)

trilateralen Handelsvertrag die EU-Kommission geschickt, den die Handelskommissarin Cecilia Malmström jedoch als „nicht akzeptabel" zurückwies.[46]

Im Streit um die Ukraine haben sich auf diversen Ebenen ungelöste Konflikte angehäuft. Um einer Lösung des Konflikts näher zu kommen, brauchen der Westen im Allgemeinen und die Europäische Union im Speziellen einen langfristigen Plan.

5   Eine Strategie für die Europäische Union

Wie kann der Westen Russland angesichts der gegensätzlichen Interessen des Landes für eine Beilegung des Ukraine-Konflikts gewinnen? Die bisherige Mischung aus Diplomatie, Gesprächen und Sanktionierungen einzelner Personen oder Wirtschaftsgebiete, hat nur geringe Fortschritte gebracht.

Der Wissenschaftler Andreas Umland hat einen Notfallplan für den Fall entworfen, dass die Krise in der Ukraine weiter eskaliert. Der Wissenschaftler schreibt, im Falle eines Zusammenbruchs der Ukraine würden Millionen von Ukrainischen Flüchtlingen in die EU strömen. Sollten solche Umstände drohen, zieht Umland ein Öl-Embargo der Europäischen Union in Betracht. Etwa 40 Prozent des Russischen Staatshaushaltes bestehe aus Einnahmen aus dem Export von Rohöl, etwas unter 10 Prozent aus dem Export von Gas. Ohne die Pipelines würde die russische Tankerflotte nicht ausreichen, um so große Mengen an Öl über das Meer zu transportieren, so Umland. Da Russland seine Pipelines nicht über Nacht umbauen könne, würde es erst einmal für mehrere Monate oder sogar Jahre vom Export in die Europäische Union abhängen. Die EU hingegen habe Alternativen zu russischem Öl. Brüssel müsste einige westliche Unternehmen finanziell unterstützen, doch Moskau würde ein Ölembargo härter treffen. In Umlands Theorie müsste auch Washington mitziehen und die Beschränkungen auf den eigenen Ölexport für eine Weile anheben, sodass es mehr amerikanisches Öl auf dem Markt gebe. Umland gibt zu bedenken, dass der Kreml von der großen Gasabhängigkeit der EU von Russland profitieren und sich durch Gaslieferungsstopps wehren könnte. Gas außerhalb von Pipelines zu transportieren sei jedoch sehr viel komplizierter als Öl zu

---

[46] Vgl. Spiegel Online: Vorstoß aus Moskau: Russland will Freihandel von EU und Ukraine ausbremsen, unter http://www.spiegel.de/politik/ausland/moskau-will-eu-ukraine-freihandelszone-ausbremsen-a-1038559.html (Stand: 27.08.2015)

transportieren. Deshalb sei die Abhängigkeit Russlands vom Gasexport in die EU genau so groß wie die Abhängigkeit der EU vom Gasimport aus Russland.[47]

Andere Experten ziehen moderatere Strategien in Betracht. Dr. Stefan Meister sieht in wirtschaftlichen Sanktionen nur eine von zwei konträren Lösungsansätzen. Falls Russland weiter sanktioniert werden solle, so rät Meister dazu, die Sanktionen auf den Banken- und Finanzsektor auszudehnen. Dies bedeute für die Europäische Union, ihre Werte durchzusetzen, der Ukraine ein Recht auf Selbstbestimmung einzuräumen und somit Russland einzudämmen. Dann müsse aber zugleich auch die ukrainische Armee geschult und mit Waffen beliefert werden. Die Alternative sei, mit Russland einen Interessenausgleich auszuhandeln. Die Ukraine müsse hierbei neutral werden und dürfe sich nicht weiter der EU annähern, Teile der Ostukraine müssten autonom werden. Damit würde die Rolle Russlands als Regionalmacht im postsowjetischen Raum anerkannt. Meister spricht sich dafür aus, beide Strategien in einer Mischung aus „Engagement und Containment" zu kombinieren. Dabei solle Angela Merkel Putin die weiteren Sanktionen aufzeigen, um die europäische Verhandlungsposition zu stärken. Die NATO solle stark genug sein, das Baltikum und Polen gegen einen potentiellen Angriff zu verteidigen. Die Ukraine solle mit Lazaretten und Schutzwesten beliefert werden.[48]

Bei allen Überlegungen zu Vorgehensweisen der Europäischen Union sollte auch die politische Komponente mit einbezogen werden. Wladimir Putin unterstützt aktuell den Syrischen Machthaber Baschar al-Assad. Auf dem Wirtschaftsforum in Sankt Petersburg im Juni 2015 bot er an, mit Assad zu verhandeln und sich für einen politischen Wechsel einzusetzen. Ebenso wolle er im Atomstreit mit dem Iran vermitteln, käme die EU ihm im Ukrainekonflikt ein Stück entgegen.[49] Ein Entgegenkommen in Putins Sinne hat aber bisher kaum stattgefunden. In Sankt Petersburg forderte er Amnestie für die Separatisten und Regionalwahlen in der Ostukraine.[50] Sollte sich in absehbarer Zeit nichts im Ukrainekonflikt tun, besteht die Wahrscheinlichkeit, dass Moskau sich noch mehr in Richtung Peking orientiert. Ein Entwurf,

---

[47] Vgl. Umland, Andreas: Here's how the EU can get Putin's Attention, unter
http://www.atlanticcouncil.org/blogs/new-atlanticist/here-s-how-the-eu-can-get-putin-s-attention (Stand 24.08.2015)
[48] Vgl. Meister, Stefan: Putin richtig verstehen, unter https://dgap.org/de/think-tank/publikationen/dgapstandpunkt/putin-richtig-verstehen (Stand: 27.08.2015)
[49] Vgl. Süddeutsche Zeitung: Putin will die Krisen der Welt schlichten, unter
http://www.sueddeutsche.de/politik/konfliktmanagement-des-russischen-praesidenten-putins-helfende-haende-1.2530240 (Stand: 26.08.2015)
[50] Vgl. Süddeutsche Zeitung: Putin will die Krisen der Welt schlichten

den Putin in letzter Zeit in Spiel brachte, ist eine „multipolare Welt", in der China und Russland einen Gegenpol zu EU und USA bilden.[51]

6 Fazit

Zu den Motiven Wladimir Putins und des Kremls im Ukraine-Konflikt existieren unterschiedliche Theorien – wohl nicht zuletzt deshalb, weil Putin von verschiedenen Motiven angetrieben wird und gleichzeitig mehrere Ziele verfolgt. In einem Punkt sind sich die Experten allerdings einig: Das Vorgehen des Westens in der Ukraine hat eine Grenze überschritten, Putin gekränkt und den Kreml provoziert. Eine Lösung des Konfliktes kann nur gefunden werden, wenn der Westen dies versteht und daraus folgend zu gewissen Zugeständnissen an Russland bereit ist. Dabei ist es wichtig, vorsichtig vorzugehen. Gleichzeitig sollte der Konflikt jedoch nicht „einfrieren". Sollte er sich noch über mehrere Jahre hinziehen, könnte das das System der Mächte langfristig verändern. Sowohl Russland als auch die EU streben schon jetzt an, wirtschaftlich unabhängiger voneinander zu werden. Putin baut eine Eurasische Wirtschaftsunion auf und wendet sich in Richtung Peking. Die Verhandlungsbasis zwischen Russland und dem Westen wird dadurch auf lange Sicht nicht besser. Das Zukunftsszenario eines freien Handels „von Wladiwostok bis Lissabon" erscheint vielversprechender als eine multipolare Weltordnung mit zwei verfeindeten Großmächten.

---

[51] Vgl. Mauder, Ulf und Landwehr, Andreas: Bär und Drache geeint: Russen wenden sich China zu, unter http://www.tt.com/politik/weltpolitik/10080239-91/b%C3%A4r-und-drache-geeint-russen-wenden-sich-china-zu.csp (Stand: 26.08.2015)

7 Quellenverzeichnis

Allison, Roy. 2014. Russian ‚deniable' intervention in Ukraine: how and why Russia broke the rules, S. 15 ff
https://www.google.es/url?sa=t&rct=j&q=&esrc=s&source=web&cd=4&cad=rja&uact=8&ve
d=0CD8QFjADahUKEwjn4aX9jMnHAhXE1hQKHWKjDiA&url=http%3A%2F%2Fcommonweb.u
nifr.ch%2Fartsdean%2Fpub%2Fgestens%2Ff%2Fas%2Ffiles%2F4760%2F39349_202339.pdf&
ei=uuzeVeecAcStU-LGuoAC&usg=AFQjCNGTd2Rx0dEIEaWDd1jUmaUwurXipQ (Stand 21.08.2015)

Auswärtiges Amt. 2015. Russische Föderation, Wirtschaft
http://www.auswaertiges-
amt.de/DE/Aussenpolitik/Laender/Laenderinfos/RussischeFoederation/Wirtschaft_node.ht
ml (Stand: April 2015)

Bidder, Benjamin. 2013. Gas-Streit: Russland torpediert Annäherung zwischen Ukraine und EU, 31.10.2013
http://www.spiegel.de/politik/ausland/ukraine-russland-widerstand-gegen-annaeherung-
an-die-eu-a-930897.html (Stand 14.08.2015)

Braune, Tim und Fischer, Michael. 2015. Freihandel von New York bis Wladiwostok?
http://m.sz-online.de/nachrichten/freihandel-von-new-york-bis-wladiwostok-3022186.html
(Stand: 24.08.2015)

Daniljuk, Malte. 2015. Neue Energie für Europa
http://m.heise.de/tp/artikel/43/43800/1.html (Stand: 24.08.2015)

Deutsche Außenhandelskammern. 2014. Wirtschaftsdaten kompakt
https://www.google.es/url?sa=t&rct=j&q=&esrc=s&source=web&cd=1&cad=rja&uact=8&ve
d=0CCEQFjAAahUKEwieg6unkMnHAhXFVBQKHSGZA08&url=http%3A%2F%2Fwww.ahk.de%
2Ffileadmin%2Fahk_ahk%2FGTaI%2Frussland.pdf&ei=N_DeVd6LHsWpUaGyjvgE&usg=AFQjC
NHO-UuhpqFKHm3NHeWEZF-ufpq-hA (Stand: 24.08.2015)

Deutschlandfunk. 2015. Poroschenko will weiter aufrüsten.
http://www.deutschlandfunk.de/ukraine-konflikt-poroschenko-will-weiter-
aufruesten.1818.de.html?dram:article_id=329160 (Stand: 27.08.2015)

Der Spiegel. 2014. „Bis jenseits der Grenze", DER SPIEGEL 11/2014

Die Welt. 2014. Sanktionen „dummes Zeug"
http://www.welt.de/newsticker/dpa_nt/infoline_nt/thema_nt/article126226145/Sanktione
n-dummes-Zeug.html (Stand 21.08.2015)

Dobbert, Steffen/ Grosev, Christo/ Dülffer, Meike. 2015. Putin und der geheime Ukraine-Plan, 2.
http://www.zeit.de/politik/ausland/2015-02/russland-strategiepapier-nowaja-gazeta-
malofejew-risi#player0 (Stand 14.08.2015)

Götz, Roland. 2014. Perspektiven für den Außenhandel zwischen der Ukraine und Russland https://www.google.es/url?q=http://www.laender-analysen.de/ukraine/pdf/UkraineAnalysen141.pdf&sa=U&ved=0CAsQFjAAahUKEwiNqaS22r_HAhUC6RQKHeDwC7l&usg=AFQjCNEs7bmxBXBHEdGEfbgN9oKUz9KY1g (Stand: 23.08.2015)

Handelsblatt. 2014. „Fällt der Ölpreis bis auf 50 Dollar?"
http://www.handelsblatt.com/finanzen/maerkte/devisen-rohstoffe/umfrage-unter-analysten-faellt-der-oelpreis-bis-auf-50-dollar/11125530.html (Stand: 13.08.2015)

Hartwich, Inna.2015. Übersetzung des russischen Strategiepapiers.
http://www.zeit.de/politik/ausland/2015-02/russische-einmischung-ukraine-dokument-gazeta-deutsche-uebersetzung (Stand 14.08.2015)

Industrie Magazin. 2015. Gazprom stellt Gastransit über die Ukraine 2019 ein
http://industriemagazin.at/a/gazprom-stellt-gastransit-ueber-die-ukraine-2019-ein (Stand: 24.08.2015)

IPG-Journal. 2015. Putin reagiert.
http://www.ipg-journal.de/kommentar/artikel/putin-reagiert-560/ (Stand 21.08.2015)

Mai, Uwe. 2015. USA, Ukraine, China: Wohin steuert Russlands Außenpolitik?
http://www.srf.ch/news/international/usa-ukraine-china-wohin-steuert-russlands-aussenpolitik (Stand 17.08.2015)

Manager Magazin. 2014. Russlands wichtigste Handelspartner
http://m.manager-magazin.de/politik/weltwirtschaft/a-1009045.html#spRedirectedFrom=www (Stand: 23.08.2015)

Mauder, Ulf und Landwehr, Andreas. 2015. Bär und Drache geeint: Russen wenden sich China zu
http://www.tt.com/politik/weltpolitik/10080239-91/b%C3%A4r-und-drache-geeint-russen-wenden-sich-china-zu.csp (Stand: 26.08.2015)

Meister, Stefan. 2014. Putin richtig verstehen
https://dgap.org/de/think-tank/publikationen/dgapstandpunkt/putin-richtig-verstehen (Stand: 27.08.2015)

Polityuk, Pavel und Balmforth, Richard. 2013. Ukraine signs $10 billion shale gas deal with Chevron
http://mobile.reuters.com/article/idUSBRE9A40ML20131105 (Stand: 24.08.2015)

Radio Free Europe/ Radio Liberty report. 2015. Authoritarian Russia watches as Middle East unravels
http://www.rferl.org/content/authoritarian_russia-watches_as_mideast_unravels/2327204.html (Stand 21.08.2015)

Reuters. 2015. Russia's Putin, Turkey's Erdogan to discuss TurkStream this autumn: Kremlin
http://mobile.reuters.com/article/idUSKCN0Q50ZZ20150731 (Stand: 24.08.2015)

Rheinische Post. 2014. Sieben Staatschefs gegen Wladimir Putin
http://www.rp-online.de/politik/ausland/sieben-staatschefs-gegen-wladimir-putin-aid-
1.4128442 (Stand: 27.08.2015)

Spiegel Online. 2015. Altkanzler Schmidt findet Ausschluss Putins „wenig hilfreich"
http://m.spiegel.de/politik/deutschland/a-1036636.html (Stand 21.08.2015)

Spiegel Online. 2015. Ab 1. September: OSZE kündigt neue Waffenruhe in der Ostukraine an
http://www.spiegel.de/politik/ausland/ukraine-osze-kuendigt-neue-waffenruhe-im-
donbass-an-a-1050025.html (Stand: 27.08.2015)

Spiegel Online. 2015. PR-Desaster: Putin lässt westliche Lebensmittel verbrennen
http://www.spiegel.de/wirtschaft/soziales/russland-putin-erntet-kritik-fuer-lebensmittel-
verbrennung-a-1046970.html (Stand: 27.08.2015)

Spiegel Online. 2015. Vorstoß aus Moskau: Russland will Freihandel von EU und Ukraine
ausbremsen
http://www.spiegel.de/politik/ausland/moskau-will-eu-ukraine-freihandelszone-
ausbremsen-a-1038559.html (Stand: 27.08.2015)

Sputniknews. 2015. Krim. Der Weg in die Heimat
http://de.sputniknews.com/videos/20150327/301671848.html (Stand: 27.08.2015)

Stern. 2015. Putin gesteht Befehl zur Annexion der Krim
http://www.stern.de/politik/ausland/ukraine-konflikt--putin-gesteht-befehl-zur-annexion-
der-krim-5957118.html (Stand: 27.08.2015)

Thumann, Michael. 2014. Was will er?, in: DIE ZEIT 20/2014 am 08.05.2014

Thumann, Michael. 2015. Und... Action!
http://www.zeit.de/2015/30/russland-medien-propaganda-putin (Stand: 27.08.2015)

Triebe, Benjamin. 2014. Moskau bastelt Gegenentwurf zur EU
http://www.nzz.ch/wirtschaft/moskau-bastelt-am-gegenentwurf-zur-eu-1.18311953 (Stand:
23.08.2015)

Süddeutsche Zeitung. 2015. USA stationieren F-22-Kampfflugzeuge in Europa
http://www.sueddeutsche.de/politik/ukraine-konflikt-usa-stationieren-f-kampfflugzeuge-in-
europa-1.2620367 (Stand: 27.08.2015)

Süddeutsche Zeitung. 2015. Putin will die Krisen der Welt schlichten
http://www.sueddeutsche.de/politik/konfliktmanagement-des-russischen-praesidenten-
putins-helfende-haende-1.2530240 (Stand: 26.08.2015)

Umland, Andreas. 2015. Here's how the EU can get Putin's Attention
http://www.atlanticcouncil.org/blogs/new-atlanticist/here-s-how-the-eu-can-get-putin-s-
attention (Stand 24.08.2015)

Wagner, Marie Katharina. 2014. Das große Rätsel um Genschers angebliches Versprechen. http://m.faz.net/aktuell/politik/ost-erweiterung-der-nato-was-versprach-genscher-12902411.html (Stand: 22.08.2015)

Wehner, Markus. 2014. Ich denke dabei nicht nur an die Krim http://m.faz.net/aktuell/politik/ausland/europa/wie-putin-seit-jahren-seine-grossmachtplaene-umsetzt-13139437.html (Stand 22.08.2015)

ZEIT. 2014. Ukraine droht Russland mit Stopp von Gastransit nach Westeuropa http://www.zeit.de/politik/ausland/2014-08/ukraine-russland-stopp-gastransit (Stand: 24.08.2015)

Lightning Source UK Ltd.
Milton Keynes UK
UKHW042332280119
336363UK00001B/44/P